AF315957

DU PRIVILÈGE

DES

AGENTS DE CHANGE

DEVANT LA JURISPRUDENCE

PAR

ED. FEY

AVOCAT A LA COUR D'APPEL DE PARIS.

(ARTICLE EXTRAIT DE *LA FRANCE JUDICIAIRE*.)

PARIS

A. DURAND et PEDONE-LAURIEL, Éditeurs,

LIBRAIRES DE LA COUR D'APPEL ET DE L'ORDRE DES AVOCATS

G. PEDONE-LAURIEL, Successeur

13, rue Soufflot, 13.

1882

DU PRIVILÈGE DES AGENTS DE CHANGE

DEVANT LA JURISPRUDENCE

Le monopole de la négociation des effets publics et autres valeurs susceptibles d'être cotés, attribué par la loi aux agents de change, a donné lieu à de nombreuses décisions de jurisprudence. Les tribunaux et en particulier la cour de cassation se sont efforcés de maintenir dans son intégrité ce privilège fondé par le législateur sur des motifs de sécurité publique et de faire respecter, dans la mesure du possible, les dispositions légales qui le garantissent.

Un récent arrêt de la cour de cassation (arrêt du 28 février 1881, *France judiciaire*, V, 2, 313) d'une importance capitale, vient de rappeler l'attention sur le privilège des agents de change et de l'affirmer à nouveau, avec plus de force encore au moment où précisément il est plus que jamais attaqué dans son existence même.

Nous n'avons pas l'intention d'entrer dans la discussion des arguments que font valoir les adversaires du privilège et ceux que peuvent faire valoir ses partisans. Il ne nous appartient pas de nous livrer à une polémique de cette nature. Nous nous trouvons en présence de dispositions légales, dont l'utilité peut être discutée, mais qui n'en existent pas moins et qui continueront probablement pendant longtemps encore à faire partie de notre arsenal législatif. Nous les constaterons sans les discuter et nous en examinerons l'application. En un mot le but de cette étude est de rappeler l'ensemble des textes et des monuments de jurisprudence qui ont créé, maintenu et déterminé exactement le monopole des agents de change en même temps qu'ils ont déduit les conséquences des contraventions au principe même du privilège.

I. — Le texte principal qui consacre, dans notre législation actuelle, le monopole ou privilège des agents de change, est l'article 76 du code de commerce. Aux termes de cet article : « les agents de change, constitués de la manière prescrite par la loi, ont seuls le droit de faire les négociations des effets publics susceptibles d'être cotés, de faire pour le compte d'autrui les négociations des lettres de change ou billets, et de tous papiers commerçables et d'en constater le cours. » Cette disposition du code de commerce n'est point une innovation ; elle consacre un état de choses remontant à une époque reculée des annales législatives.

L'existence d'une profession offrant, eu égard à la nature des relations commerciales du temps, une analogie aussi complète que possible avec les fonctions actuelles des agents de change, peut être constatée dès le règne de Philippe le Bel. L'édit de février 1304 désigne sous la dénomination de « ceux du change » les intermédiaires qui se livraient à la négociation des effets de change. A partir de l'édit de 1572, la profession de ceux du change est érigée « en titre d'office » et les titulaires de cès offices investis du droit exclusif de la négociation des effets de change. En 1639 un arrêt du conseil leur donne le titre sous lequel ils sont aujourd'hui désignés (2 avril 1639) et un arrêt du conseil du 24 septembre 1724 dispose dans son article 18 que « toutes négociations de papiers commerçables et effets faites sans le ministère d'un agent de change seront déclarées nulles en cas de contestations, faisant Sa Majesté deffenses à tous huissiers et sergents de donner aucune assignation sur icelles, à peine d'interdiction et de 300 livres d'amende et à tous juges de prononcer aucun jugement à peine de nullité desdits jugements. »

Le privilège établi en 1572 se trouve, par le fait de ce dernier arrêt, pourvu d'une sanction que l'arrêt du conseil du 26 novembre 1781 affirme avec une plus grande force encore dans son article 13 : « Fait, Sa Majesté deffenses, dit cet article, à toutes personnes autres que les agents de change, de s'immiscer dans les négociations d'effets royaux et papiers commerçables comme aussi de prendre la qualité d'agent et de courtier de change, d'avoir et tenir dans la Bourse aucuns carnets pour y inscrire le cours des effets et de rester à la Bourse après le son de la cloche qui en indique la sortie ; *à peine*, pour l'une et l'autre de ces contraventions, de *nullité des négociations, de trois mille livres d'amende* et, en cas de récidive, de punition corporelle. »

Comme nous le verrons dans la suite de cet exposé, cet arrêt de 1781 édicte la double sanction qui garantit encore le privilège des agents de change : la sanction civile consistant dans la nullité des opérations faites en violation du monopole et la sanction pénale de l'amende.

Le monopole des agents de change subit le sort de tous les autres privilèges lors de la Révolution et fut aboli par la loi de 1791. Mais comme un grand nombre des privilèges ainsi supprimés et comme en général tous ceux qui avaient pour fondement l'ordre et la sécurité publique, le privilège des agents de change fut rétabli lors de la réorganisation générale des offices ministériels. Ce fut l'œuvre de la loi du 28 ventôse an IX, dont l'article 6 rétablit le titre et les offices d'agents de change.

Cette loi n'a point été abrogée par le code de commerce ; et elle sert, concurremment avec lui, de règle aux tribunaux chargés de réprimer les atteintes portées au monopole des agents de change. L'article 7 de la loi de l'an IX dispose que « les agents de change et courtiers qui seront nommés en vertu de l'article précédent, auront seuls le droit d'en exercer la profession, de constater le cours du change, celui des effets publics, matières d'or et d'argent et de justifier devant les tribunaux ou arbitres la vérité et le taux des négociations ou achats. » L'article 8 édicte contre ceux qui exerceraient indûment les fonctions d'agents de change une amende variant du 12ᵉ au 6ᵉ du cautionnement des agents de change ou courtiers de place. Enfin l'article 11 conférait au gouvernement le droit de faire un règlement d'administration publique pour la police des bourses de commerce. Ce règlement fit l'objet de l'arrêté des consuls du 27 prairial an X.

Cet arrêté remettait en vigueur les dispositions de l'arrêt de 1781 que nous avons citées plus haut, et qui sanctionnaient, au moyen d'une amende et de la nullité des opérations, les infractions au principe du privilège des agents de change. Aux termes de l'article 4 « il est défendu sous les peines portées par les articles 13 de l'arrêt du conseil du 26 novembre 1781 et 8 de la loi du 28 ventôse an IX, à toutes personnes autres que celles nommées par le gouvernement, de s'immiscer en aucune façon quelconque et sous quelque prétexte que ce puisse être, dans les fonctions des agents de change et courtiers de commerce, soit dans l'intérieur, soit à l'extérieur de la Bourse, » et l'article 7 disposait que « conformément à l'article 7 de la loi du 28 ventôse an IX, toutes les négociations faites par des intermédiaires sans qualité étaient déclarées nulles. »

Tel était l'état de la législation lorsque fut promulgué le code de commerce.

Le législateur de l'an IX, en rétablissant le monopole des agents de change pour la négociation des effets publics et en le maintenant expressément lors de la rédaction de l'article 76 du code de commerce, avait obéi à des considérations d'une haute importance au point de vue politique et économique. Le législateur avait pensé qu'il était nécessaire, afin de sauvegarder le crédit public et privé, d'entraver autant que possible les agissements d'une foule d'industriels qui avaient envahi les places de commerce, et se livraient à un agiotage effréné, faisant chaque jour des opérations fictives et se jetant dans des spéculations aventureuses qui se terminaient le plus souvent par des banqueroutes effroyables amenant la ruine de nombreuses familles; ces individualités opéraient à côté des agents de change sérieux et honnêtes, et le trouble que leurs agissements apportaient dans les opérations de bourse avait semblé de nature à entraver tout essor et tout affermissement du crédit public.

Le législateur se préoccupa donc de rechercher les moyens d'entourer la négociation de valeurs constitutives du crédit public de la plus grande somme de garanties possible. Un contrôle effectif et sérieux exercé sur l'ensemble des négociations des effets publics parut le meilleur remède aux maux qu'on voulait combattre. Ce contrôle eût été impossible si tout individu ayait pu servir d'intermédiaire et se livrer pour le compte d'autrui à la négociation des opérations de bourse; le seul moyen de l'exercer était d'instituer un corps restreint, soumis à une surveillance incessante et offrant tant au point de vue de la capacité qu'au point de vue de la moralité toutes les garanties désirables.

Ce fut sous l'empire de cette pensée que la loi de l'an IX a organisé les offices d'agents de change.

Nous rappellerons en quelques mots cette organisation telle qu'elle résulte actuellement de la loi de l'an IX et de quelques décisions postérieures.

II.— Les agents de change sont officiers ministériels; ils sont nommés par le gouvernement et peuvent être destitués par lui. Outre que la nomination par le gouvernement, soumise à certaines conditions relatives à la capacité et à la moralité des candidats, semblait offrir une première garantie, le pouvoir de destitution en offrait une seconde dont l'importance est au moins aussi considérable. En effet, l'agent de change qui ne se conformerait pas dans l'exercice de ses fonctions, non seulement aux prescriptions légales, mais aux règles de la probité et aux devoirs professionnels, serait exposé, en dehors des responsabilités pénales et civiles, à la mesure toujours infamante de la destitution.

En raison de leur qualité d'officiers ministériels, les agents de change sont, à Paris et dans les villes où il existe des bourses de commerce, pourvues d'un parquet pour la négociation des effets publics, placés dans les attributions du ministère des finances (ordonnance du 29 mai 1816, art. 1er); dans les autres villes ils relèvent du ministre du commerce (ordonnance du 6 avril 1834).

Nul ne peut être nommé aux fonctions d'agent de change s'il n'est Français et âgé de 25 ans accomplis (arrêt du conseil du 24 septembre 1724, décret du 1er octobre 1862). Il doit, en outre, offrir des garanties de capacité suffisante. L'arrêté du 28 germinal an IX exigeait du candidat la production d'un certificat justifiant « qu'il avait exercé la profession d'agent de change, banquier ou négociant, ou travaillé dans une maison de banque, de commerce ou chez un notaire à Paris, pendant quatre ans au moins ». Ce certificat a été remplacé depuis le décret du 1er octobre 1862 (art. 2) par un certificat d'aptitude et d'honorabilité signé par les chefs de plusieurs maisons de banque et de commerce. Les agents de change destitués, les faillis non réhabilités, ceux qui se seraient rendus coupables avec récidive d'exercice illégal des fonctions d'agent de change ne peuvent être choisis par le gouvernement. Enfin, depuis le décret de 1862, le candidat doit être présenté par la chambre syndicale des agents de change. Ajoutons que les agents de change sont astreints au dépôt d'un cautionnement destiné à garantir les tiers des responsabilités qui résulteraient de faits de charge. (Art. 90 code de commerce.)

A ces conditions spéciales à la personne de l'agent de change et qui semblaient de nature à présenter une certaine somme de garanties, la loi a cru devoir en ajouter encore en réunissant les agents de change en corporation. Cette réunion permet l'exercice d'une surveillance par la corporation sur chacun des membres qui la composent, surveillance qui, beaucoup plus complète que celle que le gouvernement peut exercer directement et qui, assurée par l'intérêt qu'a toute corporation de veiller au maintien de la bonne réputation et de la considération qui doivent l'entourer, offre la plus grande somme de sécurité possible. Pour exercer cette surveillance, le législateur a placé à la tête de la corporation la chambre syndicale. Celle-ci est investie de pouvoirs disciplinaires assez étendus qui lui permettent de censurer ceux des agents de change qui contreviendraient aux lois et aux règlements de leur profession, de les suspendre à temps de leurs fonctions et de provoquer au besoin leur destitution. La chambre syndicale peut même exiger la communication des livres et de la situation de la caisse de tout membre de la corporation (arrêt de la cour de Paris du 31 mars 1827) et exercer ainsi un contrôle efficace sur les agissements des agents de change contre lesquels des plaintes s'élèveraient ou qui par leur manière de procéder lui paraîtraient ne point remplir scrupuleusement leurs obligations professionnelles. De plus à Paris, la chambre syndicale des agents de change préside à la liquidation des marchés à terme.

Tel est l'ensemble des mesures que le législateur a édictées en ce qui concerne la constitution proprement dite du privilège, abstraction faite de toutes les dispositions qui ont trait à la gestion de l'agent de change, à la nature de ses rapports avec ses commettants, aux responsabilités qu'il encourt, etc., dispositions que nous ne nous proposons pas d'étudier ici comme étrangères au monopole considéré *in abstracto* et plutôt particulières à la fonction de l'agent de change proprement dite.

III. — Les agents de change, constitués comme nous venons de le voir, sont investis du monopole de négocier sur le marché public, pour le compte d'autrui, les effets publics ou autres susceptibles d'être cotés et d'en constater le cours. Quelle est l'étendue de ce monopole, à quelles valeurs s'applique-t-il et quelles en sont les limites? C'est là ce qu'il importe maintenant d'examiner.

Il faut tout d'abord déterminer ce qu'il faut entendre par les effets publics et les effets assimilés à ces derniers, ceux que la loi qualifie d'effets susceptibles d'être cotés.

Les effets publics proprement dits sont : 1º Les titres de créance sur l'État, nominatifs ou au porteur, qui se transmettent par transfert, tradition ou endossement; les titres de cette catégorie consistent dans les inscriptions de rente, les bons du trésor, les obligations et actions des compagnies chargées d'un service public et dont l'État a garanti soit le capital soit un minimum de revenu, les grandes compagnies de chemins de fer par exemple. — 2º Les titres de créance sur les villes, les établissements d'utilité publique et certaines sociétés anonymes, par exemple les obligations de la ville de Paris, les actions et obligations des compagnies de chemins de fer n'ayant pas de garantie de l'État, les actions de la banque de France, etc., enfin les effets des gouvernements étrangers admis à la cote en France.

Les effets susceptibles d'être cotés sont ceux qui ont été admis à la cote officielle du parquet des agents de change et ceux dont la valeur est éventuellement apte à être constatée par une cote à la bourse (cour de Paris,

30 mai, 11 juillet et 2 août 1851). Ils consistent en actions ou parts industrielles et commerciales suffisamment estimées et assez répandues pour être susceptibles de donner lieu à de fréquentes négociations. Lorsque ces valeurs sont admises et inscrites à la cote, nulle difficulté n'est possible, mais le doute peut exister lorsqu'elles sont simplement aptes à y être admises. Les arrêts ci-dessus rapportés de la cour de Paris ont compris dans les effets susceptibles d'être cotés des actions industrielles de compagnies d'éclairage, de compagnies d'assurances sur la vie, de certains journaux, mais encore faut-il que les valeurs dont il s'agit jouissent d'une certaine notoriété et aient un prix suffisamment connu et déterminé pour qu'il soit possible de constater leur cours. C'est en un mot plutôt à la valeur intrinsèque de l'effet, au nombre qui en est mis en circulation et à sa notoriété, qu'à la catégorie à laquelle il appartient, qu'on paraît devoir s'attacher pour décider s'il est ou n'est pas « susceptible d'être coté ».

Si le privilège des agents de change comprend la négociation des effets publics ou susceptible d'être cotés, ce n'est toutefois qu'autant que cette négociation est faite sur le marché public et qu'elle n'est pas l'œuvre directe des parties. (Civ. req. 28 août 1857.) Le ministère des agents de change n'est point obligatoire pour les ventes et achats qui sont faits sans intermédiaires par les parties elles-mêmes; ainsi la vente et l'achat, directement effectués, de titres au porteur transmissibles par tradition, ne porte aucune atteinte légale au privilège des agents de change. Il en serait de même des titres nominatifs dont un simple endossement suffit à transférer la propriété, mais dans la plupart des cas, la transmission du titre nominatif exige un transfert régulier. Le ministère de l'agent de change devient alors nécessaire, le transfert de ces valeurs ne pouvant avoir lieu qu'en vertu d'une déclaration signée par le cédant et la signature devant alors être certifiée par l'agent de change. Il en est ainsi pour les rentes sur l'État (Paris, 3 juin 1836; — Toulouse, 5 mars 1838; — Req., 5 juillet 1870), les actions de la banque et en général les actions et obligations admises à la cote officielle.

Ce qui constitue l'exercice illégal de la profession d'agent de change, c'est la mise en rapports directe de l'offre et de la demande et la conclusion du marché opérées directement par un intermédiaire sans qualité. Le privilège de l'agent de change étant comme tous les privilèges, de droit étroit, doit être maintenu dans les limites mêmes que la loi lui a assignées. Or, la loi n'a attribué spécialement aux agents de change que la négociation proprement dite des effets publics, c'est-à-dire, la mise en rapports directe de l'offre et de la demande et la conclusion du marché. Le privilège doit donc être strictement restreint à la négociation proprement dite des effets publics et ne pas être étendu au delà.

Il en résulte que le mandat donné à une tierce personne de procurer la vente ou l'achat de valeurs cotées, est parfaitement licite si ce mandat n'a point pour but de faire effectuer la négociation par le tiers intermédiaire et lui confère simplement la mission de faire opérer l'achat et la vente par le ministère d'un agent de change. Ainsi un banquier peut parfaitement recevoir de ses clients la mission de faire acheter ou vendre des valeurs, pourvu qu'il s'adresse, pour opérer la négociation, à un agent de change. Le banquier, dans ce cas, est simplement intermédiaire entre son client et l'agent de change; il reçoit le mandat de faire ce que son client pourrait faire lui-même, c'est-à-dire, s'adresser à l'agent que la loi a spécialement chargé de la négociation des effets publics; ce mandat est donc parfaitement valable et ne porte aucune atteinte au privilège des agents de change, puisqu'il ne comprend pas la négociation de l'effet qu'il réserve au contraire, selon le vœu de la loi, à l'officier public qui doit l'effectuer. Peu importe que le banquier n'accepte le mandat que moyennant une commission; cette circonstance n'altère nullement la nature du mandat, le caractère en est simplement modifié, c'est un mandat salarié. C'est ce que la cour de cassation a reconnu dans un arrêt du 3 avril 1868, dont nous croyons devoir reproduire les motifs principaux : « Attendu, dit l'arrêt, qu'aux termes de l'article 76 du code de commerce, les agents de change ont seuls le droit de faire les négociations des effets publics et autres susceptibles d'être cotés;..... Mais qu'en principe un privilège est de droit étroit et doit être strictement renfermé dans ses limites légales; — Attendu que la négociation des effets publics, exclusivement réservée aux agents de change, consiste dans l'entremise entre l'acheteur et le vendeur; que si cette négociation peut comprendre aussi bien les actes qui préparent l'opération de vente et d'achat que ceux qui la consomment, c'est toujours à condition que ces actes aient pour objet de mettre en rapport l'offre et la demande; — Attendu, en conséquence, que l'immixtion illicite dans les fonctions d'agent de change est le fait de celui qui, en qualité d'intermédiaire entre l'acheteur et le vendeur, se livre à quelques-uns des actes ci-dessus spécifiés; mais qu'il est impossible de reconnaître le caractère d'immixtion illicite dans le fait qui consiste à donner simplement à un agent de change le mandat ou la commission d'acheter ou de vendre; — Attendu, en effet, que dans ce cas, c'est l'officier public qui est le véritable intermédiaire entre l'acheteur et le vendeur, conformément au vœu de la loi; et que celui qui transmet l'ordre reste étranger à cette entremise..... »

L'immixtion dans les fonctions d'agent de change ne comprend donc que les actes se référant à la négociation proprement dite et comme le dit fort bien l'arrêt ci-dessus, le fait de donner, pour le compte d'autrui, mandat ou commission à un agent de change d'acheter ou de vendre, n'a nullement le caractère d'immixtion prohibée par la loi. Tout au contraire, ce caractère s'imprime au fait d'opérer directement pour autrui, et sans le ministère d'un agent de change, la négociation des valeurs de bourse.

IV.—En présence des textes si formels qui régissent la matière, la coulisse ne pouvait, avec quelques chances d'impunité, revendiquer le droit d'effectuer les négociations de bourse au comptant. Mais les négociations de cette nature sont loin d'être les plus importantes et les plus fréquentes à la bourse. Le marché des fonds publics a, tout au contraire, pour principal aliment les négociations à terme. C'est à ce genre de négociations que se livrent de préférence les spéculateurs qui recherchent dans les différences de cours un espoir de gain que les négociations au comptant ne leur permettraient pas de réaliser, et si ces marchés n'eussent point été compris dans le monopole, la coulisse eût trouvé des éléments considérables de succès. La question semblait douteuse, aussi la coulisse se rabattit-elle sur les marchés à terme qu'elle prétendit avoir le droit de négocier non pas seulement concurremment avec les agents de change, mais même à leur exclusion. Les coulissiers soutenaient que les marchés à terme ne pouvaient avoir été compris dans le monopole des agents de change par cette raison que les lois, applicables à leur profession, leur interdisaient de s'y entremettre.

Pendant longtemps la jurisprudence avait fourni un appui indirect à cette prétention. Les tribunaux ne voulaient voir dans les marchés à terme que des opérations de jeu, et les considéraient pour ce motif comme absolument illégaux. Ils ne faisaient aucune distinction entre les marchés fictifs, qui n'avaient point pour objet la livraison effective des titres et se soldaient simplement par le payement de différences et ceux qui ne différaient des marchés au comptant que parce que la livraison ou le payement des titres, au lieu d'être immédiats, étaient remis à une époque plus ou moins éloignée.

Une modification dans la jurisprudence longtemps combattue, mais peu à peu devenue très précise, à la suite des arrêts de la cour de cassation des 29 novembre 1836, 30 mai 1838, 30 novembre 1842, 1er avril 1856 et 9 mai 1857, avait proclamé la validité des marchés à terme lorsqu'ils présentaient un caractère sérieux et tendaient comme les marchés au comptant à la livraison, entre les mains de l'acheteur, des valeurs négociées ou au payement du prix intégral des titres. On avait reconnu que si la législation antérieure à la Révolution, après avoir prohibé les marchés à terme, en avait été amenée à les autoriser sous certaines conditions de forme plus ou moins efficaces, la législation n'avait nullement édicté un retour formel à la prohibition; tout au contraire.

On se fondait à la fois sur le silence de la loi qui, si elle n'autorisait pas formellement les marchés à terme, ne les prohibait pas non plus et paraissait plutôt en ignorer l'existence et surtout sur les articles 421 et 422 du code pénal. On sait que le premier de ces articles atteint « les paris qui auront été faits sur la hausse ou la baisse des effets publics. » Mais l'article 422 donne une définition du pari que prévoit et punit l'article 421. Il répute pari « toute convention de vendre ou de livrer des effets publics qui ne seront pas prouvés par le vendeur avoir existé à sa disposition au temps de la convention ou avoir dû s'y trouver au temps de la livraison. » Il était évident que la loi pénale ne punissait pas le marché à terme lorsqu'il ne réunissait pas les caractères du pari déterminé par l'article 422 du code pénal et que les effets publics à livrer étaient ou devaient être entre les mains du vendeur lors de l'époque de la livraison. On devait donc reconnaître comme valables les marchés à terme qui avaient pour but la livraison effective des titres ou le payement de leur valeur et dont la réalisation était seulement retardée à une époque postérieure à la négociation.

La validité des marchés à terme une fois reconnue, restait à savoir si les agents de change pouvaient les comprendre dans leur monopole et en interdire la négociation aux coulissiers.

Ceux-ci soutenaient, nous l'avons dit, qu'ils avaient le droit de négocier les opérations à terme et qu'en le faisant ils ne s'immisçaient point illégalement dans les fonctions des agents de change, par ce motif qu'il était interdit à ces derniers de négocier les marchés à terme.

Ils reconnaissaient que, sous l'empire des arrêts du conseil de 1785 et 1786, les agents de change avaient pu s'entremettre dans les négociations à terme, mais ils prétendaient que le législateur de l'an IX et du code de commerce les avait, par l'ensemble des règles qu'il avait imposées à l'exercice de la profession d'agent de change, sinon formellement interdits du moins rendus légalement impossibles, pour peu que les agents de change eussent quelque souci de respecter les dispositions légales applicables à leur profession.

Cette prohibition indirecte résultait, dans le système des coulissiers, de la loi du 28 ventose an IX, cette loi conférant bien aux agents de change le privilège de faire les négociations des effets publics, mais au comptant seulement. La loi, disaient-ils, interdit à l'agent de change de faire connaître les personnes pour lesquelles il opère; l'arrêté de prairial an X exige la consommation du marché d'une bourse à l'autre; enfin l'article 86 du code de commerce défend à l'agent de change de « se rendre garant des marchés dans lesquels il s'entremet. » Si l'agent de change doit consommer le marché dans l'intervalle d'une bourse à l'autre, il ne peut s'entremettre dans un marché à terme qui suppose, pour la consommation du marché, un temps plus considérable; d'autre part s'il ne peut se porter garant, c'est parce qu'il ne peut s'entremettre qu'autant qu'il est nanti au préalable des fonds et des titres; dans le marché à terme, l'agent de change n'est point nanti et comme il ne peut faire connaître la personne pour laquelle il opère, il est nécessairement forcé de se porter garant du marché et commet ainsi une contravention à l'article 86 du code de commerce, contravention punie par l'article 87 de la destitution et de l'amende. L'agent de change ne peut donc en se conformant à la loi s'entremettre dans les marchés à terme; il lui est défendu de le faire et l'on ne saurait raisonnablement admettre que la loi ait voulu lui réserver une nature d'opérations qu'elle lui interdit.

Beaucoup de bons esprits s'étaient ralliés à cette manière de voir et ne croyaient pas que les agents de change pussent légalement s'entremettre dans les opérations à terme et surtout en réclamer le monopole. Il était cependant difficile d'admettre, du moment où l'on reconnaissait que le législateur n'avait point prohibé les marchés à terme faits dans certaines conditions, qu'il ait entendu interdire aux agents qu'il avait spécialement institués pour augmenter la sécurité et la sincérité des opérations de bourse, la négociation de marchés qui, par leur nature et la facilité avec laquelle il se prêtent à des opérations fictives punies par la loi, exigent le plus de surveillance et le plus de garanties. Les coulissiers ne pouvaient guère prétendre faire distraire du monopole des agents de change les marchés à terme qu'en soutenant que ces marchés étaient non seulement interdits aux agents de change mais prohibés par la loi. En effet les marchés à terme ont pour objet, comme les marchés au comptant, des valeurs cotées ou susceptibles de l'être, et la négociation de ces valeurs a été réservée aux agents de change par les textes législatifs, formellement et sans aucune distinction. Dès lors les marchés à terme ne pouvaient être distraits du monopole comme portant sur des valeurs comprises dans ce monopole, que s'ils étaient interdits d'une manière absolue. Une telle prétention, contraire à la jurisprudence qui reconnaissait que les marchés à terme étaient légaux sous certaines conditions, n'était point admissible et était au moins étrange, puisqu'en l'élevant les coulissiers reconnaissaient qu'ils commettaient un acte illicite en opérant à terme, et encouraient les peines portées par l'article 421 du code pénal contre les jeux de bourse.

Quoi qu'il en soit, la question a été tranchée contre les coulissiers par un arrêt de la cour de cassation (ch. crim. du 19 janvier 1860), confirmant les décisions rendues sur une plainte correctionnelle émanant de la chambre syndicale des agents de change de Paris, par le tribunal de la Seine et la cour de Paris. — Après avoir posé le principe du privilège attribué par la loi aux agents de change, l'arrêt en venait à examiner la prétention principale des coulissiers que les marchés à terme étaient interdits aux agents de change et la rejetait dans les termes suivants : « Attendu que les demandeurs ont vainement soutenu que toutes leurs opérations ayant été des opérations à terme, celles-ci sont interdites à l'agent de change ou parce qu'il ne peut traiter qu'après remise des fonds et dépôt préalable des titres, ou parce qu'elles entraînent une obligation de garantie ; — Attendu que la disposition de l'article 76 du code de commerce est générale et absolue ; qu'elle n'a pas distingué entre les négociations à terme et les négociations au comptant ; qu'elle comprend virtuellement les unes comme les autres dans les attributions exclusives des agents de change ; que les opérations à terme ont été réputées licites à la seule condition qu'elles soient sérieuses, qu'elles tendent à la délivrance réelle des titres et ne cachent pas des marchés fictifs et de jeu ; qu'on ne concevrait pas que la négociation à terme qui offre plus de périls et peut devenir plus facilement un moyen de fraude à la loi, fût précisément celle que le législateur eût interdite à l'officier public qu'il instituait, pour la livrer à des intermédiaires sans qualité et dépourvus de toutes les garanties professionnelles qu'il exigeait ; Attendu qu'il suit de là que, fut-il vrai,... que les demandeurs n'auraient fait que des opérations à terme, ils n'en auraient pas moins usurpé à cet égard les fonctions d'agent de change..... »

Cette remarquable décision, bien qu'elle ait donné lieu à de vives critiques en ce qu'elle semble contraire aux règles qui interdisent aux agents de change de se porter garants de leurs clients, d'effectuer les négociations sans être nantis des titres ou de l'argent remis par leurs mandants, etc., a fait jurisprudence et n'a point depuis été contredite. Elle était en effet impérieusement commandée par les termes formels et absolus de l'article 76 du code de commerce et par l'état de la jurisprudence qui considérait déjà comme valables les marchés à terme qni ne sont point jeux de bourse, manière de voir qu'elle a d'ailleurs constamment maintenue. (Ch. des req., 21 juin 1878; ch. civ., 23 janvier 1879.)

Sur une autre question importante, l'arrêt de 1860 a également fixé la jurisprudence.

V.— On se rappelle que la loi de l'an IX et l'arrêté de l'an X, reproduisant les dispositions de l'arrêt du conseil de 1781, ont donné au privilège des agents de change une double sanction pénale et civile. L'exercice illégal des fonctions d'agent de change est puni d'une amende, c'est la sanction pénale; les opérations qui constituent l'exercice illégal sont déclarées nulles, c'est la sanction civile.

Sous l'empire de l'arrêt du conseil du 26 novembre 1781 (art. 13), la pénalité frappant l'exercice illégal de la profession d'agent de change consistait en une amende de 3,000 livres et le récidiviste était en outre frappé d'une peine corporelle. Cette dernière a disparu comme contraire aux principes du droit pénal moderne et en raison de la nature de l'infraction qui constitue un simple délit correctionnel. L'amende a été expressément maintenue par la loi de l'an IX, mais de fixe et invariable qu'elle était sous l'empire de l'arrêt de 1781, l'amende est devenue variable sous l'empire de la loi de l'an IX. Elle doit aux termes de cette loi être fixée du 12ᵉ au 6ᵉ du cautionnement des agents de change suivant la gravité du délit.

Mais la loi de l'an IX avait déterminé la quotité de l'amende à une époque où le chiffre du cautionnement déposé par les agents de change était de beaucoup inférieur au chiffre de celui qu'ils ont été, depuis cette époque, soumis à déposer. On pouvait dans ces conditions se demander si le montant de l'amende devait toujours être calculé d'après le taux du cautionnement fixé par la loi de l'an IX, soit 60,000 francs ou d'après le taux que la loi de 1816 et l'ordonnance de 1818 ont déterminé soit, 125,000 francs; en d'autres termes si la base du calcul de l'amende devait être invariablement le chiffre du cautionnement tel que l'avait fixé la loi de l'an IX, ou le chiffre du cautionnement exigible à l'époque où la contravention aurait été commise. La cour de cassation s'est prononcée dans ce dernier sens et a adopté la jurisprudence de la cour de Paris par le motif « qu'il ne résulte pas de la loi du 28 ventôse an IX que pour la fixation de l'amende, cette loi se soit invariablement attachée au taux du cautionnement à cette époque; que les fonctions d'agent de change ayant pris plus d'importance et imposant à l'officier public une plus grande responsabilité, son cautionnement a dû être augmenté...., que l'usurpation de la fonction devenant un délit plus grave, soit par le dommage causé aux agents de change, soit par le gain illicite qu'en retirent les délinquants, il y a juste motif que l'amende suive la même progression et puisse être proportionnée au délit lui-même. » (Arrêt précité du 19 janvier 1860.)

VI.—A côté de la sanction pénale des dispositions constitutives du privilège des agents de change, l'arrêt du conseil de 1781, la loi de l'an IX et l'arrêté des consuls du 27 prairial an X, avaient, comme nous l'avons dit ci-dessus, placé une sanction d'ordre civil et consistant dans la nullité des opérations de bourse faites par les intermédiaires sans qualité. Par application de ce principe, la jurisprudence a décidé que les opérations faites dans la coulisse et entre coulissiers ne pouvaient donner lieu à aucune répétition. (Paris, 27 juin 1823, 26 août 1823 ; trib. de la Seine, 8 novembre 1854, 20 novembre 1856, etc.)

Les opérations entre coulissiers étant illicites, les obligations auxquelles elles auraient pu donner naissance devaient évidemment être nulles, ou pour mieux dire ne pouvaient prendre naissance comme fondées sur une cause contraire aux lois. Mais, cette conséquence des dispositions légales devait-elle être étendue au delà de l'opération elle-même ; devait-on décider que les opérations faites par les intermédiaires sans qualités étaient nulles même à l'égard de leurs commettants et que les coulissiers ne pourraient exercer aucune répétition contre ces derniers, soit pour leurs frais et déboursés, soit pour le payement des différences résultant des opérations effectuées.

La question, on le comprend sans peine, présentait un grand intérêt. Si la nullité édictée par le législateur s'étendait aux clients des coulissiers, la sanction donnée au privilège des agents de change devenait beaucoup plus redoutable et beaucoup plus efficace.

La réalité des faits démontre en effet d'une manière évidente, que la répression pénale du délit d'immixtion dans les fonctions d'agents de change n'a nullement empêché le développement du marché irrégulier qui a pris de nos jours une extension plus considérable que jamais. Mais on ne saurait se dissimuler que si les coulissiers n'ont aucun recours non seulement entre eux, mais contre leurs clients, leur industrie devient absolument aléatoire, qu'ils sont exposés à des pertes considérables s'ils ne prennent soin d'exiger de leurs mandants des versements préalables de fonds ; nécessité qui serait de nature à porter une atteinte grave à leur industrie. De plus le client lui-même se trouverait menacé dans ses intérêts ; il n'aurait, pas plus que le coulissier, de recours à exercer et se trouverait absolument à la merci de l'intermédiaire qu'il aurait choisi. Il aurait donc tout intérêt à recourir à l'agent que la loi lui désigne et ce serait là encore une entrave sérieuse apportée au développement de la coulisse. Cette question vient d'être tranchée par un arrêt de la chambre des requêtes du 28 février 1881. Elle s'est présentée à propos du payement de différences réclamées par des coulissiers à un de leurs commettants.

Le système invoqué en faveur des coulissiers et tendant à leur reconnaître le droit de poursuivre la répétition des sommes qui leur étaient dues pour différences résultant d'opérations de bourse effectuées par eux, était fondé sur des considérations tirées de la nature des rapports entre les coulissiers et leurs commettants. On soutenait que les coulissiers opéraient les négociations incriminées en qualité de mandataires et ne faisaient, au point de vue des tiers, qu'exécuter le mandat qu'ils en avaient reçu ; que le propre de l'exécution d'un mandat était de donner naissance, au profit du mandataire, à une créance contre le mandant lorsque l'exécution du mandat avait entraîné des frais et déboursés.

Le mandat d'acheter ou de vendre des valeurs est parfaitement licite en soi ; comment dès lors refuser toute action à raison de son exécution ? En vertu de l'article 76 du code de commerce. Mais cet article se borne à réserver aux agents de change un monopole et ne frappe d'aucune nullité les opérations sur des effets publics qui seraient faites en contravention à ses dispositions. Il n'a point reproduit les dispositions de la loi de l'an IX et de l'arrêté de l'an X qui édictaient cette nullité, et l'on ne saurait suppléer à son silence à cet égard, les nullités étant de droit étroit. Du silence de l'article 76, on doit conclure qu'il a abrogé les dipositions antérieures relatives à la nullité des opérations de bourse et ne l'eût-il pas fait que le mandant ne saurait se prévaloir de la contravention qn'il a commise en ne s'adressant pas à un agent de change et invoquer sa propre faute pour échapper aux conséquences d'un contrat et en tirer un avantage ; ce serait une iniquité flagrante qu'aucun système légal ne saurait consacrer.

Cette argumentation n'a point été admise et ne pouvait l'être.

, Tout d'abord il n'est pas douteux que l'article 76 du code de commerce n'a point abrogé les pénalités des lois antérieures sanctionnant le privilège des agents de change. Une loi nouvelle n'abroge les lois antérieures qu'autant qu'elle exprime formellement l'abrogation de cette loi ou que ses dispositions sont incompatibles avec celles de la loi antérieure. L'article 76 du code de commerce est muet sur les conséquences du principe qu'il pose ; il maintient le privilège des agents de change et s'il ne répète pas les sanctions dont la législation antérieure avait entouré ce privilège, il ne déclare nullement les abroger. Fondé sur le même principe, inspiré par la même pensée et édicté dans le même but que l'arrêt de 1781, la loi de l'an IX et l'arrêté de l'an X, il n'a point évidemment entendu abroger leurs dispositions coercitives. La cour de cassation a d'ailleurs depuis longtemps reconnu que ces textes n'avaient point été abrogés et en a consacré l'application au point de vue pénal, dans les nombreux arrêts que nous avons cités. Si, comme on l'a prétendu dans la discussion devant la chambre criminelle de l'arrêt du 19 janvier 1860, les articles 421 et 422 du code pénal avaient abrogé les dispositions de la loi de l'an IX et de l'arrêté de l'an X, au point de vue pénal et substitué une pénalité nouvelle à la pénalité édictée par ces textes, on pourrait admettre que la nullité dont les dispositions législatives de l'an IX et de l'an X frappaient les opérations faites par les intermédiaires sans qualité, aurait été par là même abrogée. Dans cette hypothèse, en effet, l'abrogation n'aurait pu être partielle et spéciale aux dispositions pénales proprement dites, elle eût dû nécessairement s'étendre à la sanction civile. Mais la jurisprudence de la cour de cassation a reconnu que les articles 421 et 422 du code pénal n'avaient en rien modifié les dispositions de l'an IX et de l'an X au point de vue de la pénalité correctionnelle de l'amende et rien n'autorise dès lors à dire qu'ils les ont abrogées au point de vue de la pénalité civile, c'est-à-dire, de la nullité des opérations. La solution donnée à la question en 1860 impliquait nécessairement la reconnaissance de la nullité des opérations faites en dehors du ministère des agents de change et il était évident que les tribunaux ne pouvaient condamner les intermédiaires à l'amende, pour des opérations qu'ils avaient faites au mépris du privilège des agents de change et reconnaître la validité de ces opérations déclarées délictueuses. Alors même que l'article 76 du code de commerce eût abrogé les dispositions légales antérieures et qu'aucune disposition frappant de nullité les opérations de bourse effectuées au mépris de l'article 76, n'eût subsisté dans la législation actuellement en vigueur, la solution de la question n'aurait point dû être modifiée dans un sens favorable aux coulissiers. La simple application de l'article 76 et des principes généraux du droit devait leur faire refuser toute action fondée sur leur qualité de mandataire.

D'une part, en effet, on ne saurait méconnaître que le mandat de négocier des effets publics sans user du ministère des agents de change, doive être considéré comme nul; il a pour objet un fait illicite et le mandataire ne peut être obligé de l'exécuter. Puis, l'exécution du mandat, c'est-à-dire, la négociation des effets cotés, en dehors du ministère de l'agent de change, constitue la perpétration d'un acte illicite, et comme cet acte illicite est précisément la cause de l'obligation qui s'impose au mandant de tenir compte au mandataire de ses frais et débours, on en doit conclure que cette obligation est nulle comme ayant une cause illicite : par conséquent, elle ne peut donner lieu à aucune action.

D'autre part, « toutes les fois qu'une loi à titre de garantie pour l'intérêt social ou pour l'intérêt des contractants décide qu'une opération juridique ne peut être constatée que par un officier public, les constatations, œuvres de personnes privées, sont nulles, radicalement nulles, c'est-à-dire, dénuées de toute autorité.... Il n'est pas besoin que la loi prononce la nullité; la validité de l'acte est subordonnée à des conditions d'ordre public, et la renonciation à ces conditions est sans valeur. » *(Conclusions de M. le procureur général Berthauld.)*

L'article 76 du code de commerce, disposant que les agents de change seuls ont qualité pour procéder à la négociation des valeurs de bourse, décide par là même et sans qu'il ait besoin de le dire expressément que toutes négociations, qui ne sont par l'œuvre des agents de change, sont nulles et non avenues. Dès lors l'obligation de s'adresser à l'agent de change fait partie du mandat de celui qui se charge de procurer la vente ou l'achat de valeurs de Bourse au même titre que le mandat de constituer une hypothèque implique, pour le mandataire, l'obligation de s'adresser à un notaire, pour rédiger l'acte constitutif. Par suite, le mandataire qui ne s'adresse pas à l'agent de change n'accomplit pas fidèlement sa mission : il ne peut en rendre compte dans le sens de l'article 1993 code civil, et par conséquent exiger le remboursemeut de ses avances.

A tous les points de vue donc, qu'on ne voie dans la question qu'une application des lois antérieures à l'article 76 du code de commerce, et de cet article, ou qu'on envisage le rôle du coulissier comme le rôle d'un mandataire, on doit reconnaître qu'aucune action ne peut lui être accordée à l'occasion des opérations qu'il a pu effectuer en contravention à l'article 76 du code de commerce et en se livrant illégalement à une opération réservée à l'agent de change.

L'arrêt du 28 février 1881 s'est formellement prononcé à cet égard ; il s'est fondé spécialement sur ce que l'article 76 du code de commerce n'avait point abrogé les textes antérieurs. « Attendu, dit-il, que si l'article 76 du code de commerce s'est borné à confirmer le privilège depuis longtemps concédé aux agents de change d'être seuls chargés de la négociation des effets publics, la sanction de ce privilège se trouve dans des dispositions non abrogées des lois antérieures, notamment dans l'article 13 de l'arrêt du conseil du 26 novembre 1781, 8 de la loi du 28 ventose an IX, 4 et 7 de l'arrêté du 27 prairial an X ; attendu que ces articles, non seulement punissent de peines correctionnelles l'immixtion dans les fonctions d'agent de change, mais déclarent nulles toutes les négociations faites par des intermédiaires sans qualité ;... attendu que, dans ces conditions, en déclarant nulles les négociations,... et en refusant action en justice pour les suites d'opérations pratiquées au mépris de la loi, la cour d'Aix, loin de violer les textes précités, n'en a fait qu'une juste et saine application ; par ces motifs, rejette. »

VII.—En présence de l'ensemble des décisions que nous venons d'étudier, il ne saurait être douteux que le privilège attribué aux agents de change de négocier les effets publics et les effets cotés ou susceptibles de l'être, ne comprenne toutes les négociations à terme ou au comptant. Il ne reste donc aux intermédiaires du marché libre, aux coulissiers, que celles des valeurs mobilières qui ne sont ni cotées, ni susceptibles de l'être. Mais la difficulté est de déterminer quels sont les effets qui sont susceptibles d'être cotés. Nous avons vu que la jurisprudence de la cour de Paris comprenait parmi ces derniers ceux dont la valeur est éventuellement susceptible d'être cotée à la bourse (arrêts du 30 mars, 11 juillet et 2 août 1851), c'est-à-dire qui sont assez estimés, assez connus et répandus pour qu'il soit possible d'en constater le cours. Il est évident que cette classification est bien vague et qu'il est fort difficile, avec de telles données, de déterminer d'une manière précise si une valeur est susceptible ou non d'être cotée. Comment déterminer le degré de notoriété, d'estime, etc., suffisant pour faire considérer l'effet comme devant être compris parmi ceux dont la négociation est réservée aux agents de change. Rien dans les décisions de la jurisprudence ne permet de le faire d'une manière certaine.

On peut donc dire qu'à ce point de vue, les limites du monopole des agents de change ne sont point suffisamment fixées. C'est évidemment sur ce point que pourra se porter, devant les tribunaux, la lutte entre les agents de change et la coulisse, et il serait à désirer qu'une décision de la cour suprême vînt fixer la jurisprudence sur ce point et déterminer d'une manière précise les caractères que doivent réunir les effets susceptibles d'être cotés pour être compris dans le privilège des agents de change.

Fontainebleau. — M. E. Bourges imp. breveté.